문학과지성 시인선 291

사라진 손바닥

나희덕 시집

문학과지성사

문학과지성사에서 펴낸 나희덕의 시집

말들이 돌아오는 시간(2014)

문학과지성 시인선 291
사라진 손바닥

초판 1쇄 발행 2004년 8월 27일
초판 23쇄 발행 2025년 6월 27일

지 은 이 나희덕
펴 낸 이 이광호
펴 낸 곳 ㈜문학과지성사
등록번호 제1993-000098호
주   소 04034 서울 마포구 잔다리로7길 18(서교동 377-20)
전   화 02)338-7224
팩   스 02)323-4180(편집) 02)338-7221(영업)
전자우편 moonji@moonji.com
홈페이지 www.moonji.com

ⓒ 나희덕, 2004. Printed in Seoul, Korea

ISBN 89-320-1532-5 02810

이 책의 판권은 지은이와 ㈜문학과지성사에 있습니다.
양측의 서면 동의 없는 무단 전재 및 복제를 금합니다.

문학과지성 시인선 291

사라진 손바닥

나희덕

2004

시인의 말

'도덕적인 갑각류'라는 말이
뢴트겐 광선처럼 나를 뚫고 지나갔다.
벗어나려고 할수록 더욱 단단해지던,
살의 일부가 되어버린 갑각의 관념들이여,
이제 나를 놓아다오.

2004년 여름
나희덕

사라진 손바닥

차례

▨ 시인의 말

제1부

사라진 손바닥 / 11

입김 / 12

여, 라는 말 / 13

마른 물고기처럼 / 14

풍장의 습관 / 16

朝餐 / 18

겨울 아침 / 19

그는 먹구름 속에 들어 계셨다 / 20

방을 얻다 / 22

한 삽의 흙 / 24

옆구리의 절벽 / 26

門이 열리고 / 28

초승달 / 29

만년설 아래 / 30

제2부

가을이었다 / 35

실려가는 나무 / 36
재로 지어진 옷 / 37
극락강역 / 38
누가 우는가 / 40
그림자는 어디로 갔을까 / 42
비에도 그림자가 / 44
갈증 / 45
천 개의 손 / 46
탑이 기러기처럼 많은 / 48
그날의 山有花 / 50
붉디붉은 그 꽃을 / 51
걸음을 멈추고 / 52
빛은 얼마나 멀리서 / 53

제3부
연두에 울다 / 57
어떤 出土 / 58
북향집 / 59
저 물결 하나 / 60
행복재활원 지나 배고픈다리 지나 / 62
국밥 한 그릇 / 64
엘리베이터 / 66
흰 구름 / 68
진흙 눈동자 / 70
斷指 / 71

소풍 / 72
붉은 만다라 / 74
수족관 너머의 눈동자 / 76
상수리나무 아래 / 78

제4부
草墳 / 81
북극성처럼 빛나는 / 82
그 섬의 햇빛 속에는 / 84
담배꽃을 본 것은 / 86
소나무의 옆구리 / 87
골짜기보다도 깊은 / 88
소나기 / 89
낯선 고향 / 90
圖門 가는 길 / 92
또 나뭇잎 하나가 / 94
聖 느티나무 / 95
검은 점이 있는 누에 / 96
땅 속의 꽃 / 98

▨ 해설 · 직조술로서의 시학 · 김진수 / 99

제1부

사라진 손바닥

처음엔 흰 연꽃 열어 보이더니
다음엔 빈 손바닥만 푸르게 흔들더니
그 다음엔 더운 연밥 한 그릇 들고 서 있더니
이제는 마른 손목마저 꺾인 채
거꾸로 처박히고 말았네
수많은 槍을 가슴에 꽂고 연못은
거대한 폐선처럼 가라앉고 있네

바닥에 처박혀 그는 무엇을 하나
말 건네려 해도
손 잡으려 해도 보이지 않네
발밑에 떨어진 밥알들 주워서
진흙 속에 심고 있는지 고개 들지 않네

백 년쯤 지나 다시 오면
그가 지은 연밥 한 그릇 얻어먹을 수 있으려나
그보다 일찍 오면 빈 손이라도 잡으려나
그보다 일찍 오면 흰 꽃도 볼 수 있으려나

회산에 회산에 다시 온다면

입김

구름인가 했는데 연기의 그림자였다
흩날리는 연기 그림자가 내 머리 위로 지나갔다
아직 훈기가 남아 있었다
한 줄기는 더 낮게 내려와
목련나무 허리를 잠시 어루만지고 올라갔다
그 다문 입술을 만지려는 순간
내 손이 꽃봉오리 위에서 연기 그림자와 겹쳐졌다
아, 이것은 누구의 입맞춤인가

여,라는 말

잊혀진 것들은 모두 여가 되었다
망각의 물결 속으로 잠겼다
스르르 다시 드러나는 바위, 사람들은
그것을 섬이라고도 할 수 없어 여,라 불렀다
울여, 새여, 대천어멈여, 시린여, 검은여……
이 이름들에는 여를 오래 휘돌며 지나간
파도의 울음 같은 게 스며 있다
물에 영영 잠겨버렸을지도 모를 기억을
햇빛에 널어 말리는 동안
사람들은 그 얼굴에 이름을 붙여주려 하지만
어느새 사라져버리는 바위,
썰물 때가 되어도 돌아오지 않는
그 바위를 향해서도 여,라 불렀을 것이다
그러니 여가 드러난 것은
썰물 때가 되어서만은 아니다
며칠 전부터 물에 잠긴 여 주변을 낮게 맴돌며
날개를 퍼덕이던 새들 때문이다
그 젖은 날개에서 여,라는 소리가 들렸다

마른 물고기처럼

어둠 속에서 너는 잠시만 함께 있자 했다
사랑일지도 모른다, 생각했지만
네 몸이 손에 닿는 순간
그것이 두려움 때문이라는 걸 알았다
너는 다 마른 샘 바닥에 누운 물고기처럼*
힘겹게 파닥이고 있었다, 나는
얼어 죽지 않기 위해 몸을 비비는 것처럼
너를 적시기 위해 자꾸만 침을 뱉었다
네 비늘이 어둠 속에서 잠시 빛났다
그러나 내 두려움을 네가 알았을 리 없다
조금씩 밝아오는 것이, 빛이 물처럼
흘러들어 어둠을 적셔버리는 것이 두려웠던 나는
자꾸만 침을 뱉었다, 네 시든 비늘 위에.

 아주 오랜 뒤에 나는 낡은 밥상 위에 놓인 마른 황어들을 보았다.
 황어를 본 것은 처음이었지만 나는 너를 한눈에 알아보았다.
 황어는 겨울밤 남대천 상류 얼음 속에서 잡은 것이라 한다.

그러나 지느러미는 꺾이고 빛나던 눈도 비늘도 시들어버렸다.
낡은 밥상 위에서 겨울 햇살을 받고 있는 마른 황어들은 말이 없다.

* 『莊子』의 「大宗師」에서 빌어옴. "샘의 물이 다 마르면 고기들은 땅 위에 함께 남게 된다. 그들은 서로 습기를 공급하기 위해 침을 뱉어주고 거품을 내어 서로를 적셔준다. 하지만 이것은 강이나 호수에 있을 때 서로를 잊어버리는 것만 못하다."

풍장의 습관

방에 마른 열매가 늘어나고 있다는 사실을
깨달은 것은 오늘 아침이었다.
책상 위의 석류와 탱자는 돌보다 딱딱해졌다.
향기가 사라지니 이제야 안심이 된다.
그들은 향기를 잃는 대신 영생을 얻었을지
모른다고, 단단한 껍질을 어루만지며 중얼거려본다.
지난 가을 내 머리에 후두둑 떨어져 내리던
도토리들도 종지에 가지런히 담겨 있다.
흔들어보니 희미한 종소리가 난다.
마른 찔레 열매는 아직 붉다.
싱싱한 꽃이나 열매를 보며
스스로의 습기에 부패되기 전에
그들을 장사지내주어야 한다는 생각이
때 이른 풍장의 습관으로 나를 이끌곤 했다.
바람이 잘 드는 양지볕에
향기로운 육신을 거꾸로 매달아
피와 살을 증발시키지 않고는 안심할 수 없던,
또는 고통의 설탕에 절인 과육을
불 위에 올려놓고 나무주걱으로 휘휘 저으며
달아나지 않고는 견딜 수 없던 나는

건조증에라도 걸린 것일까.
누군가 내게 꽃을 잘 말린다고 말했지만 그건
유목의 피를 잠재우는 일일 뿐이라고,
오늘 아침 방에 들어서는 순간
후욱 끼치던 마른 꽃 냄새, 그 겹겹의 입술들이,
한 번도 젖은 허벅지를 더듬어본 적 없는 입술들이
일제히 나를 향해 외치는 소리를 들었다,
나비처럼 가벼워진 꽃들 속에서.

朝餐

깃인가 꽃인가 밥인가
저 희디흰 눈은
누구의 허기를 채우려고
내리고 또 내리나

뱃속에 들기도 전에 스러져버릴
양식을, 그러나 손을 펴서
오늘은 받으라 한다

흰 밥을 받고 있는 언 손들

목튤립 마른 열매들도
꽃봉오리 같은 제 속을 다 비워서
송이송이 고봉밥을 받고 있다

박새들이 사흘은 쪼아먹고 가겠다

겨울 아침

어치 울음에 깨는 날이 잦아졌다
눈 부비며 쌀을 씻는 동안
어치는 새끼들에게 나는 법을 가르친다

어미새가 소나무에서 단풍나무로 내려앉자
허공 속의 길을 따라
여남은 새끼들이 푸르르 단풍나무로 내려온다
어미새가 다시 소나무로 날아오르자
새끼들이 푸르르 날아올라 소나무 가지가 꽉 찬다
큰 날개가 한 획 그으면
模畫하듯 날아오르는 작은 날개들,
그러나 그 길을 필요로 하지 않을 때가 곧 오리라

저 텃새처럼 살 수 있다고,
이렇게 새끼들을 기르며 살고 있다고,
쌀 씻다가 우두커니 서 있는 내게
창밖의 날개 소리가 시간을 가르치는 아침

소나무와 단풍나무 사이에서 한 생애가 가리라

그는 먹구름 속에 들어 계셨다

그가 보이지 않으니
가슴의 火傷 또한 보이지 않았다

동쪽 창으로 멀리 보이던 無等,
갈매빛 눈매는 성글고 그윽하였으나
그 기억의 분화구를 들여다보기 두려워
한 번도 가까이 가지 못했다
너무도 큰 죽음을 보아버린 눈동자가
저리도 평화로울 수 있다니,
진물 흐르는 가슴이 저리도 푸르다니,
그러나 오늘은 그가 먹구름 속에 들어 계셨다

그는 보이지 않았지만
아주 가까운 숨소리에 잠이 깨었다

밤마다 그의 겨드랑이께 숨은 마을로 돌아와
상처 입은 짐승처럼 잠이 들면
그는 조금씩 걸어 내려와
어지러운 내 잠머리를 지키다 가곤 했으니
그를 보지 않은 듯 나는 너무 많이 보아온 것이다

먹구름이 걷히자
천천히 걸어 올라가는 그의 등이 보였다

無等에게로 돌아가는 無等,
녹음 속의 火傷은 보이지 않았지만
내 손에는 거기서 흘러내린 진물이 묻어 있었다
그의 겨드랑이께에서 깨어났다

방을 얻다

담양이나 창평 어디쯤 방을 얻어
다람쥐처럼 드나들고 싶어서
고즈넉한 마을만 보면 들어가 기웃거렸다.
지실마을 어느 집을 지나다
오래된 한옥 한 채와 새로 지은 별채 사이로
수더분한 꽃들이 피어 있는 마당을 보았다.
나도 모르게 열린 대문 안으로 들어섰는데
아저씨는 숫돌에 낫을 갈고 있었고
아주머니는 밭에서 막 돌아온 듯 머릿수건이 촉촉했다.
─ 저어, 방을 한 칸 얻었으면 하는데요.
일주일에 두어 번 와 있을 곳이 필요해서요.
내가 조심스럽게 한옥 쪽을 가리키자
아주머니는 빙그레 웃으며 이렇게 대답했다.
─ 글씨, 아그들도 다 서울로 나가불고
우리는 별채서 지낸께로 안채가 비기는 해라우.
그라제마는 우리 집안의 내력이 짓든 데라서
맴으로는 지금도 쓰고 있단 말이요.
이 말을 듣는 순간 정갈한 마루와
마루 위에 앉아 계신 저녁 햇살이 눈에 들어왔다.
세 놓으라는 말도 못하고 돌아섰지만

그 부부는 알고 있을까,
빈방을 마음으로는 늘 쓰고 있다는 말 속에
내가 이미 세들어 살기 시작했다는 걸.

한 삽의 흙

밭에 가서 한 삽 깊이 떠놓고
우두커니 앉아 있다

삽날에 발굴된 낯선 흙빛,
오래 묻혀 있던 돌멩이들이 깨어나고
놀라 흩어지는 벌레들과
사금파리와 마른 뿌리들로 이루어진
말의 지층

빛에 막 깨어난 세계가
하늘을 향해 봉긋하게 엎드려 있다

묵정밭 같은 내 정수리를
누가 저렇게 한 삽 깊이 떠놓고 가버렸으면

그러면 처음 죄 지은 사람처럼
화들짝 놀란 가슴으로 엎드려 있을 텐데
물기 머금은 말들을 마구 토해낼 텐데
가슴에 오글거리던 벌레들 다 놓아줄 텐데
내 속의 사금파리에 내가 찔려 피 흘릴 텐데

마른 뿌리에 새순을 돋게 할 수는 없어도
한 번도 만져보지 못한 말을 웅얼거릴 수 있을 텐데

오늘의 경작은
깊이 떠놓은 한 삽의 흙 속으로 들어가는 것

옆구리의 절벽

먼지와 빗물 사이에서 봄날이 갑니다
말수 적은 비둘기들이
절벽 좁은 틈에 앉아 제 몸을 쪼고
드문드문 풀빛이 짙어지고 있습니다
제가 옆구리에 끼고 사는 절벽은
산을 깎아 건물을 지으며 생겨난 것입니다
산속에 들어앉아 있는 셈이지요
요즘도 절벽은 제 몸이 잘려나가던 기억이 나는지
바람이 심한 날이면
투둑 투둑 돌부스러기를 떨구곤 합니다
사람보다 절벽을 보고 사는 날이 많아진 저는
바윗결에서 숨은 집을 찾아내거나
어린 나무를 발견하기도 합니다
잊혀진 얼굴도, 모르는 짐승도 저 안에 있습니다
돌의 이마에 눈을 맞추며
매일 다른 절벽을 옆구리로 낳아 놓으면
새들이 날아와 알을 품고
때죽나무가 절벽 아래로 꽃을 던집니다
절벽이 더러워지고 또한 씻기는 동안
먼지와 빗물, 제게도 수없이 다녀갔겠지요

이젠 어둠 속에서도 잘 들립니다
밤마다 절벽 위를 걸어다니는 소리,
그가 누군지 다음날 절벽을 보면 알 것 같습니다

門이 열리고

한 개의 門이 열려
며칠째 눈발이 천지를 메우더니
천 개의 門이 닫히고
발들은 모두 묶이고 말았네
마른 풀대도
시린 발목을 눈에 묻고
한 걸음도 내딛지 못하네
소리들도 갇혔네
어디선가 희미하게 들리는 소리,
가장자리는 얼어가지만
흐르는 물만이 門을 닫지 않아
나는 물소리 앞에 쪼그려 앉았네
천 개의 門이 닫히고
당신에게로 흐르는 水門만이 남았네
눈송이를 낚으려 하나
물에 닿는 순간 사라져버리네
젖은 눈 속에 젖은 눈,
그 열린 門으로 나도 따라 들어가네

초승달

오스트리아 마을에서
그곳 시인들과 저녁을 먹고
보리수 곁을 지나고 있을 때였다

갑자기 등 뒤에서 어떤 손이 내 어깨를 감싸쥐었다
나는 그 말을 알아들었다
그가 몸을 돌려준 방향으로 하늘을 보니
산맥 위에 초승달이 떠 있었다
달 저편에 내가 두고 온 세계가 환히 보였다

그후로 초승달을 볼 때마다
어깨에 가만히 와 얹히는 손 있다

저 맑고 여윈 빛을 보라고
달 저편에서 말을 건네는 손
다시 잡을 수 없음으로 아직 따뜻한 손

굽은 손등 말고는 제 몸을 보여주지 않는 초승달처럼

만년설 아래

저것은 무엇인가.

산맥을 넘는 벌떼 같기도 하고
대륙을 건너는 모래바람 같기도 하고
저녁 마을에 내려앉는 는개 같기도 하다.

누군가 꽃가루라고 말해주었다.
칠 년 만이라 했다,
알프스의 침엽수가 꽃을 피우는 것이.

만년설 아래 만연한 꽃,
꽃가루들이 산맥을 휘감으며 날아가고 있었다.
하늘에 노르스름한 혀를 내밀고 말하는 것이
칠 년 만이라니, 얼마나 자욱하겠는가.

녹지 않는 눈과
허공에 녹아 있는 꽃가루

부동과 부유가 하나로 어우러진
그 장엄한 비행을 보려고

열 시간 넘게 비행기에 몸을 싣고 왔는지 모른다.

영영 녹지 않는 것처럼 보이는,
그러나 조금씩 흘러내리는 만년설에 입을 대고 자라나
우우우우, 일시에 터뜨리는 함성 같은 것.

제2부

가을이었다

 가을이었다. 뱀이 울고 있었다. 덤불 속에서 뱀이 울고 있었다. 방울소리 같기도 하고 새소리 같기도 한 울음소리. 아닐 거야. 뱀이 어떻게 울겠어. 뒤돌아서면 등 뒤에서 뱀이 울었다. 내가 덤불 속에 있는 것인가. 뱀이 내 속에서 울고 있는 것인가. 가을이었다. 뱀이 울고 있었다. 덤불에 가려 뱀은 보이지 않았다. 덤불은 말라가며 질겨지고 있었다. 그는 어쩌자고 내게 말을 거는 것일까. 산길을 내려오는데 울음소리가 내내 나를 따라왔다. 뱀은 여전히 덤불 속에 있었다. 가을이었다. 아무하고도 말을 주고받을 수 없는 가을이었다. 다음날에도 산에 올랐다. 뱀이 울고 있었다. 덤불 속을 들여다보면 그쳤다 뒤돌아서면 다시 들리는 울음소리. 덤불이 앙상해질 무렵 뱀은 사라졌다. 낯선 산 아래서 지낸 첫 가을이었다.

실려가는 나무

풀어헤친 머리가 땅에 닿을락 말락 한다
또다른 生에 이식되기 위해
실려가는 나무, 트럭이 흔들릴 때마다
입술을 달싹여 무슨 말을 하는 것 같다
언어의 도끼가 조금은 들어간 얼굴이다
오래 서 있던 몸에서는
자꾸만 신음소리가 흘러나오고
기억의 부스러기들이 땅에 떨어지기도 한다
그걸 받아 적으며 따라가다가
출근길을 놓치고 길가에 부려진 나는
나무 심는 인부의 뒷모습을 보았을 뿐이지만,
나도 모르게 그 나무를 따라간 것은
덜컹덜컹 어디론가 실려가면서
언어의 도끼에 다쳐본 일이 있기 때문일까
어떤 둔탁한 날이 스쳐간 자국,
입술을 달싹이던 그 말들을 다시 읽을 수 없다

재로 지어진 옷

흰 나비가 소매도 걷지 않고
봄비를 건너간다
비를 맞으며 맞지 않으며

그 고요한 날갯짓에는
보이지 않는 격렬함이 깃들어 있어
날개를 둘러싼 고운 가루가
천 배나 무거운 빗방울을 튕겨내고 있다
모든 날개는 몸을 태우고 남은 재이니

마음에 무거운 돌덩이를 굴려 올리면서도
걸음이 가볍고 가벼운 저 사람
슬픔을 물리치는 힘 고요해
봄비 건너는 나비처럼 고요해

비를 건너가면서 마른 발자국을 남기는
그는 남몰래 가졌을까
옷 한 벌, 흰 재로 지어진

극락강역*

극락강이라는 역이 있기는 있을까,
광주역이 가까워오면 늘 두리번거렸다

극락강역을 놓쳐버린 시선은
번번이 광주역 광장의 어둠에 부려졌지만
어느날 들판 사이로 흐르는 실낱 같은 물줄기와
근처의 작은 역사를 보았다

역 앞에 서 있는 여자아이도 보았다
때 절은 옷을 입고 아비를 구하기 위해 강을 건너는
바리데기를 기차는 그냥 지나쳐버렸다
그러나 아이의 해진 옷에서 풀려난 실오라기가
강물처럼 따라와 내 삶의 솔기를 훑치고
바리데기는 강을 건넜는지 다시 보이지 않았다

환영처럼 나타났다 사라져버리는 극락강역,
타는 사람도 내리는 사람도 없지만
대합실에는 밤이면 오롯하게 불이 켜지고
등꽃 그늘에 누가 앉았다 간 듯 의자 몇 개 놓여 있다

그 불빛을 보는 것만으로도
生은 또 한 겹의 물줄기를 두르고
언젠가는 죽음의 강물과 合水하는 날이 오겠지
극락강이라는 역에도 내릴 수 있겠지

* 광주역 직전에 있는 작은 간이역

누가 우는가

바람이 우는 건 아닐 것이다
이 폭우 속에서
미친 듯 우는 것이 바람은 아닐 것이다
번개가 창문을 때리는 순간 얼핏 드러났다가
끝내 완성되지 않는 얼굴,
이제 보니 한 뼘쯤 열려진 창 틈으로
누군가 필사적으로 들어오려고 하는 것 같다
울음소리는 그 틈에서 요동치고 있다
물줄기가 격랑에서 소리를 내듯
들어올 수도 나갈 수도 없는 좁은 틈에서
누군가 울고 있다
창문을 닫으니 울음소리는 더 커진다
유리창에 들러붙는 빗방울들,
가로등 아래 나무 그림자가 일렁이고 있다
저 견딜 수 없는 울음은 빗방울들의 것,
나뭇잎들의 것,
또는 나뭇잎을 잃지 않으려고
이리저리 부딪치는 나뭇가지들의 것,
뿌리 뽑히지 않으려고, 끝내 초월하지 않으려고
제 몸을 부싯돌처럼 켜대고 있는

나무 한 그루가 창 밖에 있다
내 안의 나무 한 그루 검게 일어선다

그림자는 어디로 갔을까

아침마다 서둘러 출근을 하지만
그림자는 집에 있다
그를 두고 나오는 날이 계속되고
거리에서 나는 활짝 웃는다

그림자 없이도
웃는 법을 익힌 뒤로는
내 등 뒤에 그림자가 없다는 걸
아무도 눈치 채지 못한다

구내식당에서 점심을 먹을 때
집에서 혼자 밥 말아 먹고 있을 그림자

그림자 없이도
밥 먹는 법을 익힌 뒤로는
내가 홑젓가락을 들고 있다는 걸
마주 앉은 사람도 알지 못한다

어느 저녁 집에 돌아와보니
그림자가 없다

안방에도 서재에도 베란다에도 화장실에도 없다

겨울날에 외투도 입지 않고
어디로 갔을까
신발도 없이 어디로 갔을까

어둠 속에 우두커니 앉아
그림자를 기다린다
그가 나를 오래 기다렸던 것처럼

비에도 그림자가

소나기 한 차례 지나고

과일 파는 할머니가 비 맞으며 앉아 있던 자리

사과 궤짝으로 만든 의자 모양의

고슬고슬한 땅 한 조각

젖은 과일을 닦느라 수그린 할머니의 둥근 몸 아래

남몰래 숨어든 비의 그림자

자두 몇 알 사면서 훔쳐본 마른 하늘 한 조각

갈증

어디서 물 끓는 소리 들린다.
저 불을 꺼야 하는데, 꺼야 하는데,
손을 내저어보지만
몸이 도무지 말을 듣지 않는다.
물이 잦아든 주전자가 달아오른다.
쇠 타는 냄새.
플라스틱 손잡이 녹는 냄새.
녹은 플라스틱이 다시 엉기는 냄새.
급기야 검은 연기가 피어오르기 시작한다.
물은 한 방울도 남지 않았는데
물 끓는 소리 계속 들린다.
어서 저 불을 꺼야 하는데, 꺼야 하는데……

  비등점 위의 날들, 비는 내리지 않고, 마른 웅덩이에는 맹렬하게 끓어오르는 개구리 울음소리. 누구의 목이 이리도 말라 물기란 물기는 다 거두어가는가. 일어나, 일어나, 불타는 혀가 너를 삼키기 전에. 소리쳐보아도 이내 되돌아와 불타는 소리. 물 끓는 소리. 아무것도 모른 채 잠이 든 마음을 업고 연기 나는 집을 뛰쳐나왔다.

천 개의 손

그의 손은 천 개나 되고요
머리에 얹은 화불도 헤아릴 수 없어
손으로 잡으려 하면 뿔뿔이 달아나버렸지요

대체 그 많은 손을 어디에 쓰나
갸웃거리며 계단을 더듬더듬 내려오는데

아, 천 개의 싸릿가지가 지나간 마당

고통의 소리를 본다는 그가
사람 마음에 따라
서른세 가지 모습으로 나타난다는 그가
내게는 싸리비 든 손으로 와서
흙알갱이 어지러운 마음 바닥을 쓸고 갔네요

갑자기 눈앞이 환해져
나는 한 걸음도 내려서지 못하고
구름 난간 같은 계단에 앉아
빈 마당만 소슬하게 들여다보았지요

마음을 지나는 소나기떼처럼
싸리비 닳는 소리 아직 들리는 것 같아서요

탑이 기러기처럼 많은

낮은 담을 사이에 두고
절터와 논이 나란히 엎드려 있다

탑이 기러기처럼 많은 고장이라 하지만
끌과 정으로 다듬어진 돌만이
탑을 이루는 것은 아니다

한 포기의 벼가
제 몸을 힘껏 일으켰다 떠나간
밑둥들 역시
푸른 탑을 받치고 있던 기단 아닌가

지푸라기 기단 위에서 낟알을 쪼느라
고개 숙인 두루미들, 그 목선은
날렵한 상륜부 같고
찬 하늘로 날아간 기러기들도
제 몸속에 탑을 모시고 있는 게 아닌가

나는 지친 그림자를
바위 그림자 속에 숨겨두고

거기 기대 앉아 까무룩하니 졸았는데

내 마음에 그 사이 누가 탑을 쌓았다 허물었나
저녁 햇빛이 앉았다 간 자리
둥그스름한 기단처럼 남아 있으니

그날의 山有花

잠에서 마악 깨어난 새가
숨어서 핀 꽃이라도 만난 듯
우연히
우연히도
새소리를 함께 들었을 뿐
잠에서 깨어난 새가 들려주는 물소리를
함께 들었을 뿐

밤새 어둔 맘 곁에 나지막한 꽃들이
저도 모르게 피어났을 뿐

붉디붉은 그 꽃을

산그늘에 눈이 아리도록 피어 있던 꽃을
어느새 나는 잊었습니다
검게 타들어가며 쓰러지던 꽃대도,
꽃대를 받아 삼키던 흙빛도 기억나지 않습니다
바위에 남겨진 총탄자국도,
꽃 속에서 들리던 총성도,
더는 내 마음에 남아 있지 않습니다
다, 다, 잊었습니다, 잊지 않고는
그의 잎으로 피어날 수 없어
상사화인지 꽃무릇인지 이름조차 잊었습니다
꽃과 잎이 서로의 죽음을 볼 수 없어야
비로소 피어날 수 있다기에
붉디붉은 그 꽃을 아주 잊기로 했습니다

걸음을 멈추고

그 나무를
오늘도 그냥 지나치지 못했습니다
어제의 내가 삭정이 끝에 매달려 있는 것 같아
이십 년 후의 내가 그루터기에 앉아 있는 것 같아
한쪽이 베어져나간 나무 앞에
나도 모르게 걸음을 멈추었습니다
다 잊었다고 생각했는데
아직도 덩굴손이 자라고 있는 것인지요
내가 아니면서 나의 일부인,
내 의지와는 다른 속도와 방향으로 자라나
나를 온통 휘감았던 덩굴손에게 낫을 대던 날,
그해 여름이 떠올랐습니다
당신을 용서한 것은
나를 용서하기 위해서였는지 모릅니다
덩굴자락에 휘감긴 한쪽 가지를 쳐내고도
살아 있는 저 나무를 보세요
무엇이든 쳐내지 않고서는 살 수 없었던
그해 여름, 그러나 이렇게 걸음을 멈추는 것은
잘려나간 가지가 아파오기 때문일까요
사라진 가지에 순간 꽃이 피어나기 때문일까요

빛은 얼마나 멀리서

저 석류나무도
빛을 찾아나선 삶이기는 마찬가지,
주홍빛 뾰족한 꽃이
그대로 아, 벌린 입이 되어
햇빛을 알알이 끌어모으고 있다

불꽃을 얹은 것 같은 고통이
붉은 잇몸 위에 뒤늦게 얹혀지고
그동안 내가 받아들이지 못한 사랑의 잔뼈들이
멀리서 햇살이 되어 박히는 가을

더 이상 사랑을 믿지 않는 나이가 되어도
빛을 찾아나선 삶이기는
마찬가지, 아, 하고 누군가 불러본다

제3부

연두에 울다

떨리는 손으로 풀죽은 김밥을
입에 쑤셔넣고 있는 동안에도
기차는 여름 들판을 내 눈에 밀어넣었다.
연둣빛 벼들이 눈동자를 찔렀다.
들판은 왜 저리도 푸른가.
아니다. 푸르다는 말은 적당치 않다.
초록은 동색이라지만
연두는 내게 좀 다른 종족으로 여겨진다.
거기엔 아직 고개 숙이지 않은
출렁거림, 또는 수런거림 같은 게 남아 있다.
저 순연한 벼포기들.
그런데 내 안은 왜 이리 어두운가.
나를 빛바래게 하려고 쏟아지는 저 햇빛도
결국 어두워지면 빛바랠 거라고 중얼거리며
김밥을 네 개째 삼키는 순간
갑자기 울음이 터져나왔다. 그것이 마치
감정이 몸에 돌기 위한 최소조건이라도 되는 듯.
눈에 즙처럼 괴는 연두.
그래. 저 빛에 나도 두고 온 게 있지.
기차는 여름 들판 사이로 오후를 달린다.

어떤 出土

고추밭을 걷어내다가
그늘에서 늙은 호박 하나를 발견했다
뜻밖의 수확을 들어올리는데
흙 속에 처박힌 달디단 그녀의 젖을
온갖 벌레들이 오글오글 빨고 있는 게 아닌가
소신공양을 위해
타닥타닥 타고 있는 불꽃 같기도 했다
그 은밀한 의식을 훔쳐보다가
나는 말라가는 고춧대를 덮어주고 돌아왔다

가을갈이를 하려고 밭에 다시 가보니
호박은 온데간데 없다
불꽃도 흙 속에 잦아든 지 오래다
자세히 들여다보니
그녀는 젖을 다 비우고
잘 마른 종잇장처럼 땅에 엎드려 있는 게 아닌가
스스로의 죽음을 덮고 있는
관뚜껑을 나는 조심스럽게 들어올렸다

한 웅큼 남아 있는 둥근 사리들!

북향집

겨울 햇살 비껴가는
북향집에 그가 앉아 있었다
전등도 켜지 않고
저녁을 맞고 있는 그의 침묵 속으로
우리는 천천히 걸어 들어갔다
어둠이 혼자 그의 맨발을 씻기고 있었다
발등을 물끄러미 바라보던 그는
우리가 둘러앉은 후에도
물기 어린 어둠에 자주 눈을 주었다
올 겨울은 매화盆도 꽃을 맺지 않았다고,
개가 새끼를 세 마리 낳았다고,
드문드문 이어지는 말소리 사이로
늙은 고양이가 어슬렁거리다 잠이 들고
우리는 외로움을 배우러 온 그의 제자들이 되어
온기 없는 거실에 오래 앉아 있었다

북향집 식어가는 아궁이,
그의 마음에서 천천히 걸어나왔을 때
마당에는 눈이 서걱거렸다
대문 앞에 그가 오래 서 있었다

저 물결 하나

한강 철교를 건너는 동안
잔물결이 새삼스레 눈에 들어왔다
얼마 안 되는 보증금을 빼서 서울을 떠난 후
낯선 눈으로 바라보는 한강,
어제의 내가 그 강물에 뒤척이고 있었다
한 뼘쯤 솟았다 내려앉는 물결들,
서울에 사는 동안 내게 지분이 있었다면
저 물결 하나일 거라는 생각이 들었다
물결, 일으켜
열 번이 넘게 이삿짐을 쌌고
물결, 일으켜
물새 같은 아이 둘을 업어 길렀다
사랑도 물결, 처럼
사소하게 일었다 스러지곤 했다
더는 걸을 수 없는 무릎을 일으켜 세운 것도
저 낮은 물결, 위에서였다
숱한 목숨들이 일렁이며 흘러가는 이 도시에서
뒤척이며, 뒤척이며, 그러나
같은 자리로 내려앉는 법이 없는
저 물결, 위에 쌓았다 허문 날들이 있었다

거대한 점묘화 같은 서울,
물결, 하나가 반짝이며 내게 말을 건넨다
저 물결을 일으켜 또 어디로 갈 것인가

행복재활원 지나 배고픈다리 지나

하루에 한 번 혹은 두 번
행복재활원 지나 배고픈다리를 지난다
집에서 나와 집으로 가는 길
전혀 행복하지 않을 때도
배고프지 않을 때도 그곳을 지나야 한다
행복재활원 정문 앞에는
유난히 높은 과속방지턱이 있어
아무리 천천히 지나도 온몸이 흔들린다
얼굴이 일그러지거나 다리를 저는 아이들,
길 건너 마중 나온 엄마가 희미하게 웃고 있을 때
그 사이를 지나노라면 정상적인 몸으로
사는 일 자체가 일종의 과속이라는 생각이 들지만
차는 어느새 배고픈다리를 건너고 있다
가운데가 푹 꺼져 있어 붙여진 이름이라 하는데
천변을 끼고 낮은 지붕들이 늘어서 있다
누추한 담벼락에는 호박덩굴이,
다리 옆구리에는 담쟁이가 낮은 포복으로 세상을 건너고
배고픈다리 건너 창억떡집,
떡집의 제분기는 입을 다물고 있을 때가 많다

행복한재활, 배고픈창억,
그 높거나 낮은 마음의 턱을 넘으며
엔진은 갑자기 그르릉 소리를 낸다
집에서 나와 집으로 가는 길이란
늘 그 모순형용을 지나야 한다고 말하는 것처럼

국밥 한 그릇
—— 故 이문구 선생님을 생각하며

아무래도 오늘을 넘기기 어려울 것 같다는
전화를 받고 역으로 달려갔다.
배가 고팠다.
죽음의 소식을 듣고 가장 먼저 느낀 것이 시장기라니,
불경스럽다는 생각에도 불구하고 배가 고팠다.
기차시간을 기다리며 허겁지겁 먹어치운
국밥 한 그릇.
벌건 국물에 잠긴 흰 밥알을 털어넣으며
언젠가 下棺을 지켜보던 산비탈에서
그분이 건네주신 국밥 한 그릇을 떠올렸다.
그를 만난 것은 주로 장례식에서였다.
초상 때마다 護喪을 마다하지 않았던 그가
너무 오래 서 있거나 걸어온* 그가
이제는 고단한 몸을 뉘고 숨을 내려놓으려 한다.
잘 비워낸 한 생애가 천천히 식어가는 동안
그가 마지막으로 건네는 국밥 한 그릇을
눈물도 없이 먹어치웠다.
국밥에는 국과 밥과 또 무엇이 섞여 있는지,
국밥 그릇을 들고 사람들이
아무렇지도 않은 듯 서둘러 삼키려는 게 무엇인지,

어떤 찬도 필요치 않은 이 가난한 음식을
왜 마지막으로 베풀고 떠나는 것인지,
나는 식어가는 국밥그릇을 쉽게 내려놓지 못했다.

* 이문구 소설집, 『내 몸은 너무 오래 서 있거나 걸어왔다』(문학동네, 2000).

엘리베이터

　더 들어가요. 같이 좀 탑시다.
　병원 엘리베이터 타기가 이렇게 어려워서야……
　육중한 몸집을 들이밀며 한 아주머니가 타고 나자
　엘리베이터 안은 빽빽한 모판이 되어버렸다
　11층, 9층, 7층, 5층…… 문이 열릴 때마다 조금씩 헐거워지는 모판,
　갑자기 짝수층 엘리베이터에서 울음소리 들려온다
　누구일까, 어젯밤 중환자실 앞에서 울던 그 가족일까,
　모판 위의 삶을 실은 홀수층 엘리베이터와
　칠성판 위의 죽음을 실은 짝수층 엘리베이터는
　1층에서 만난다, 울며 떨어지지 않으려는 가족들과
　짝수층 엘리베이터에 실린 죽음을
　홀수층 엘리베이터에서 내려 바라보는 사람들 앞에서
　흰 헝겊으로 들씌워진 한 사람만
　짝수층 엘리베이터에 남고, 문이 닫히고,
　잠시 후 B1에 불이 들어온다, 그새
　홀수층 엘리베이터 안에는 다시 사람들이 채워진다
　더 들어가요. 같이 좀 탑시다…… 아우성이 채워지고, 문이 닫히고,
　빽빽해진 모판은 비워지기 위해 올라가기 시작한다

1층, 3층, 5층, 7층, 9층, 11층……
삶과 죽음을 오르내리는 사다리는 잠시도 쉬지 않는다

  엘리베이터는 나른다, 병든 입으로 들어갈 밥과 국을
  엘리베이터는 나른다, 더 이상 밥과 국을 삼키지 못하는 육체를
  엘리베이터는 나른다, 병든 손을 잡으려는 수많은 손들을
  엘리베이터는 나른다, 더 이상 병든 손조차 잡을 수 없는 손들을

흰 구름

 사람들은 구내식당에 줄을 서서
 자신의 욕망만큼 주문한다
 아니, 일용할 욕망이 허락되는 만큼

 공기밥 400원 아욱국 200원 제육볶음 1000원 시금치나물 400원 해파리냉채 600원 김치찌개 1000원 병어구이 1000원

 수저를 드는 순간
 내 앞에서 수저를 들고 있는
 또 하나의 손,
 나는 저 손을 알고 있다
 조금 전까지 거리에서 광고지를 나누어주던 손
 버려지기 위해 쌓인 광고지와
 그것을 다 버려야만 밥을 벌 수 있는 손
 그 손이 하염없이 먹고 있는

 한 그릇 맨밥

 얼어터진 손등이 나르고 있는 흰 밥알들은

부르튼 입술 사이에서 구름처럼
뭉쳐졌다 풀어지고 뭉쳐졌다 풀어지고
밥알을 씹는 어두운 눈동자 속으로
잠시 휘돌다 사라지는

흰 구름 한점

진흙 눈동자

몇 걸음도 안 되는 거리에서
아버지는 나를 알아보지 못하신다
아버지, 부르면
그제야 너 왔냐, 웃으신다

갑자기 식어버린,
열려 있지만 더 이상 피가 돌지 않는
저 눈동자 속에
어느 손이 진흙을 메워버렸나

괜찮다, 한 눈은 아직 성하니
세상을 반쯤만 보고 살라는 모양이다
조금씩 흙에 가까워지는 게지,
아버지는 창밖을 바라보며 말씀하신다

고요한 진흙 눈동자,
그 속에 앞산의 나무 몇 그루 들어와 있다

斷指

성난 바람이 닫고 가는 문에
어머니의 손가락이 잘리고 말았다

그보다는 손가락을 넣어
들이치는 바람을 막으셨다고 말해야겠다

애야, 떨지 마라.
이 피와 살점을 가져다 저 굶주린 바람에게 먹여라.

피에 점화된 불꽃을 보고
문밖의 승냥이들은 달아나기 시작했다

허옇게 굳어가는 손가락을
오, 촛불처럼 들고 걸어가시는 어머니

소풍

애들아, 소풍 가자.
해 지는 들판으로 나가
넓은 바위에 상을 차리자꾸나.
붉은 노을에 밥 말아 먹고
빈 밥그릇에 별도 달도 놀러오게 하자.
살면서 잊지 못할 몇 개의 밥상을 받았던 내가
이제는 그런 밥상을
너희에게 차려줄 때가 되었나보다.
가자, 애들아, 저 들판으로 가자.
오갈 데 없이 서러운 마음은
정육점에 들러 고기 한 근을 사고
그걸 싸서 입에 넣어줄 채소도 뜯어왔단다.
한 잎 한 잎 뜯을 때마다
비명처럼 흰 진액이 배어 나왔지.
그리고 이 포도주가 왜 이리 붉은지 아니?
그건 대지가 흘린 땀으로 바닷물이 짠 것처럼
엄마가 흘린 피를 한 방울씩 모은 거란다.
그러니 애들아, 꼭꼭 씹어 삼켜라.
그게 엄마의 안창살이라는 걸 몰라도 좋으니,
오늘은 하루살이떼처럼 잉잉거리며 먹자.

언젠가 오랜 되새김질 끝에
네가 먹고 자란 게 무엇인지 알게 된다면
너도 네 몸으로 밥상을 차릴 때가 되었다는 뜻이란다.
그때까지, 그때까지는
저 노을빛을 이해하지 않아도 괜찮다.
다만 이 바위에 둘러앉아 먹는 밥을
잊지 말아라, 그 기억만이 네 허기를 달래줄 것이기에.

붉은 만다라

시간은 酸性이다.
아현호프 뒷골목 재래식 화장실에 가보라,
거기 앉아 서럽게 오줌을 누고 있으면
시간이 오래 삭혀낸 무늬를 볼 수 있을 것이다.
술꾼들이 함부로 갈기고 간 오줌기와
빗물이 들이치고 간 자리마다 허물허물 피어나는
붉은 꽃, 부서져내리는 꽃,
화장실 함석문에 피어난 만다라를.
깨진 전등은 아무것도 비추지 않고
까마득한 어둠 속으로 쏟아낸 똥과 오줌은
바닥에 닿는 순간 부패하기 시작한다.
그러나 끝내 부식되지 않는 시멘트벽의 고요보다는
저 끓어오르는 오물의 냄새가,
녹슨 함석 문짝을 열고 비틀거리며 걸어가는
저 신발 끄는 소리가 오늘밤은 더 좋다.
시간은 신발 뒤축을 닳게 하면서
스스로도 신발을 끌고 황망히 사라지고 있으니,
그의 뒷모습을 보려거든
아현호프 뒷골목에 있는 재래식 화장실에 가보라.
녹슨 만다라 앞에 쭈그려 앉으면

오체투지로 그려낸 붉은 꽃을 만질 수 있을 것이다.

수족관 너머의 눈동자

삼짇날 아침 나는 발견되었다
방앗간에 앉아 있던 한 시인*에 의해,
그가 하릴없이 뒤적이던 묵은 여성잡지 속에서,
생불이라 불리는 숭산 스님의 수행담과
전도연이 알몸 섹스 연기를 했다는
기사 사이에서, 聖과 俗 사이에서,
그가 보았다는 내 산문집 기사 속에서

그의 눈동자에 발견된,
그의 시에서 자신을 발견한
나는 누구인가

시집을 덮고 부엌으로 가서 그릇을 씻는다
무엇에 찔린 듯 아프다
물이 손등을 흘러내려 먼 곳으로 가는 동안
말들이, 기억들이 흘러내린다
십여 년 전 영등포 후미진 다방에서 그를 처음 만났다
그의 등 뒤에는 수족관이 놓여 있었고
내 시선은 열대어들을 따라 어색하게 두리번거렸다
그는 쫓기고 있었으나 자유로워 보였고

나는 어떤 날보다도 안전하게 집으로 돌아왔다
인파 속으로 사라졌던 그가
몇 달 후 체포되었다는 소식을 들었고
푸른 수의를 입은 그를 한 번쯤 더 보았던가
면회창 사이로 말은 자꾸 끊어지고
문밖에는 진눈깨비가 바람에 몰려다니고 있었다
그날의 진눈깨비는 어디로 사라졌을까

어느덧 봄이 오고,
진눈깨비 대신 황사 날리는 삼짇날 아침
방앗간에 앉아 있던 그에 의해 나는 발견되었다,
낡아가는 지느러미를 파닥이며 거대한 수족관 속에서.

* 백무산, 「삼짇날 아침」, 『初心』(실천문학사, 2003) 108쪽.

상수리나무 아래

누군가 맵찬 손으로
귀싸대기를 후려쳐주었으면 싶은

잘 마른 싸릿대를 꺾어
어깨를 내리쳐주었으면 싶은

가을날 오후

언덕의 상수리나무 아래
하염없이 서 있었다

저물녘 바람이 한바탕 지나며
잘 여문 상수리들을
머리에, 얼굴에, 어깨에, 발등에 퍼부어주었다

무슨 회초리처럼, 무슨 위로처럼

제4부

草墳

남쪽 바다 외나로도 고갯길에서
초분 몇을 보았다

파도소리 들으며 오손도손 볕을 쬐는
풀무덤들이 내게는
왜 세 척의 배로 보였는지

바다를 보고 싶어서
조기떼 우는 소리에 뒤척이고 싶어서
돌 구르는 언덕에 앉아 있는

통나무 위에 관을 얹고
볏짚날개를 마른 돛처럼 펼치고
금방이라도 바다를 향해 떠날 것 같은

푸른 생솔가지 꽂고
저승길 저어가는 배처럼 보였는지

살 썩은 물은 땅으로 흘려보내고
마른 뼈만 마른 뼈만
바람에 지푸라기 날리며 가는 배

북극성처럼 빛나는

멀리 보이는 흰 바위섬,
가마우지떼가 겨울을 나는 섬이라 한다
가까이 가보니 새들의 분뇨로 뒤덮여 있다

수많은 바위섬을 두고
그 바위에만 날아와 앉는 이유는 무엇일까
가마우지들이 발 디딜 틈도 없이 모여 사는 것은
서로 사랑해서가 아니다
포식자의 눈과 발톱을 피하기 위해
서로를 밀어내면서도 떼를 지어 살 수밖에 없는
그들의 운명이 바위를 희게 만들었다

절벽 위에서 서로를 견디며
분뇨 위에서 뒹굴고 싸우고 구애하는 것은
새들만이 아니다
지상의 집들 또한 상처를 널어 말리고 있지 않은가

가파른 절벽 위에 뒤엉킨 채
말라붙은 기억, 화석처럼 찍힌 발톱자국,
일렁이는 파도에도 씻기지 않는

그 상처를 덮으러 다시 돌아올 가마우지떼

그들을 돌아오게 하는 힘은
파도 위의 북극성처럼 빛나는 저 분뇨자국이다

그 섬의 햇빛 속에는

어린 사슴을 닮았다는 섬의 햇빛은 따가웠다.
녹동항에서 배로 오 분이면 닿을 수 있는 섬이지만
수심을 알 수 없는 마음의 물결을 건너야만
이를 수 있는 곳, 그 가깝고도 먼 섬에
상처 입은 사슴들이 살고 있었다.
그 섬의 햇빛 속에는
다른 데서 들리지 않던 소리들이 녹아 있는 것 같았다.
그러나 그 햇빛을 이해했다고는 말할 수 없다.
시체를 해부했던 검시실을 막 나왔을 때
쏟아지는 햇빛이 무어라 외치는 것처럼 들렸을 뿐이다.
몽당손으로 그물을 잡고 둘러선 소년들이
파닥이는 물고기 몇 마리를 소출로 내놓은 모습도,
뗏목 하나에 의지해 바다로 뛰어들었던 남자도,
세 개밖에 남지 않은 손가락으로 꽃수를 놓던 노파도,
길 양쪽으로 갈라선 채 손 한번 잡지 못하고
눈으로만 피붙이를 만나야 했던 어미의 흐느낌도,
 여든네 명의 목숨을 불태웠던 자리에 서 있는 소나무들도,
 없는 것처럼 없는 것처럼 살아오지 않았던가.
 바다 저편에서 단지 제 고통에 겨워 읊조리지 않았던가.

굉음처럼 따가운 햇빛 아래
다리 붉은 게 한 마리가 기어가고 있었다.
길 잃은 게가 숨어든 숲그늘,
썩어가는 손으로 전지해놓은 나무들은 아름다웠다.
두 다리가 없는 어머니를 휠체어에 태우고
걸어가는 처녀의 웃음소리,
나는 햇빛 속으로도 그늘 속으로도 들어갈 수 없었다.

담배꽃을 본 것은

마흔이 가까워서야 담배꽃을 보았다
분홍 화관처럼 핀 그 꽃을

잎을 위해서
꽃 피우기도 전에 잘려진 꽃대들,
잎그늘 아래 시들어가던
비명소리 이제껏 듣지 못하고 살았다

툭, 툭, 목을 칠 때마다 흰 피가 흘러
담뱃잎은 그리도 쓰고 매운가
담배꽃 한줌 비벼서 말아 피우면
눈물이 날 것 같아
족두리도 풀지 않은 꽃을 바라만 보았다

주인이 버리고 간 어느 밭고랑에서
마흔이 가까워서야 담배꽃의 아름다움을 알았다
夏至도 지난 여름날
뙤약볕 아래 드문드문 피어 있는,
버려지지 않고는 피어날 수 없는 꽃을

소나무의 옆구리

어떤 창에 찔린 것일까
붉게 드러난 옆구리에는
송진이 피처럼 흘러내리고 있다

단지 우연에 불과한 것일까
기어가던 개미 한 마리
그 투명하고 끈적한 피에 갇혀버린 것은
함께 굳어가기 시작한 것은

놀라서 버둥거리다가 움직임을 멈춘 개미,
그날 이후 나는
소나무 앞에서 걸음을 멈춘다
제 목숨보다도 단단한 돌을 품기 시작한
그의 옆구리를 보려고

개미가 하루하루 불멸에 가까워지는 동안
소나무는 시들어간다
불멸과 소멸의 자웅동체가
제 몸에 자라고 있는 줄도 모르고

골짜기보다도 깊은

꽝꽝나무 군락지를 지나
여기는 나무들의 무덤인가

이 높은 곳에
제 뼈를 묻기 위해
먼 길 걸어온 고사목들

무슨 꽃 무슨 이파리 대신
피 마른 몸, 그 비틀림을 언어 삼아
영원을 말하는 나무들

그 몸 열고 들어가면 볼 수 있을까
여기까지 걸어온 뿌리들의 해진 신발을,
도낏날 같은 가지 끝으로
제 하늘을 찍어대던 어지러운 그림자를

나무들의 무덤 곁에서
죽음의 달디단 향기에 취해 있자니 멀리서
마른 가지 부러지는 소리
툭 ─
골짜기보다도 깊게 들린다

소나기

노인도 아기도 벌거벗었다
빗줄기만 걸쳐 입은 노인의 다리가
마른 수숫대처럼 여위었다
늘어진 성기, 주름진 사타구니 아래로
비는 힘없이 흘러내리고
오래 젖을 빨지 못한 아기의 눈이
흙비에 젖어 있다
옥수수가 익으려면 아직 멀었다

연길 들판, 소나기 속으로
늙은 자연이 어린 자연을 업고 걸어가는 오후

낯선 고향
—— 연길을 지나며

끝없는 들판에 점점이 숨은 집들,
창문에 하나 둘 불이 켜졌다
외양간처럼 초라한 집 속의 어둠이 밝혀지자
거기 아직 六畜의 눈빛을 가진 사람들이
칠십 년 전처럼 살고 있으리라는 생각이 들었다
들에서 돌아온 식구들이
침침한 전등 아래서 감자를 쪼개고 있을
저녁, 나는 낯선 고향을 지나며
그 불 켜진 창을 향해 걸어 들어가고 싶었다
문간에서 오래 서성거리며
누구의 피붙이라고 주어댈 수도 없겠지만
한 번도 만난 적 없는 우리는
서로의 익숙한 냄새를 곧 알아차릴 것 같았다
소나기 후두둑 지나고
빗물 듣는 소리를 듣고 앉아 있으면
언젠가 태어난 적이 있는 처마로 돌아온 듯도 할 것이다
얼마나 오래 전부터 이 불빛을 향해 걸어온 것일까
아니, 그이들은 왜 이리도 먼 곳에
고향을 옮겨와 칠십 년 전처럼 살고 있는 것일까
연길 지나 만주로, 간도로 흩어졌던 식구들

가난을 있는 대로 다 살고도 남은 가난이 있어
六畜처럼 도란도란 살고 있는데,
깜박거리는 불빛이 새삼 서러운 것은
누추한 지붕 때문이 아니다
그 불빛 아래 내가 살고 있는 줄도 모르고
너무 멀리 떠돌다 여기에 이른 까닭이다

圖門 가는 길

노새야, 노새야,
옥수수자루를 싣고 오는 노새야,
네 등이 너무 좁구나.

나는 도문으로 가고
너는 도문에서 오는 길인데
네가 걸어온 길을 따라 도문에 이르면
강 건너 아버지의 고향땅이 보이겠지.

밤이면 조선족의 소를 훔쳐 건너기도 한다는
강물은 얕고도 깊어서
새떼가 날아가는 남양*의 언덕을
막막하게 바라만 보다가 돌아오겠지.

말도 당나귀도 아닌 네가,
대신 울어줄 새끼도 낳을 수 없는 네가,
할 수 있는 일이라곤
등에 짐을 가득 싣고 걷는 일.

타박타박 발굽이 다 닳을 때까지

너와 함께 두만강을 따라 걷고 싶구나.

노새야, 노새야,
저녁 연기 속으로 멀어져가는 노새야,
네 등이 너무 좁구나.

나는 도문으로 가고
너는 도문에서 오는 길인데
좁고 여윈 등이 닮아 있구나.

* 도문대교에서 건너편으로 보이는 북한의 남양시.

또 나뭇잎 하나가

그간 괴로움을 덮어보려고
너무 많은 나뭇잎을 가져다 썼습니다
나무의 헐벗음은 그래서입니다
새소리가 드물어진 것도 그래서입니다
허나 시멘트 바닥의 이 비천함을
어찌 마른 나뭇잎으로 다 가릴 수 있겠습니까
새소리 몇 줌으로
저 소음의 거리를 잠재울 수 있겠습니까
그런데도 내 입술은 자꾸만 달싹여
나뭇잎들을, 새소리들을 데려오려 합니다

또 나뭇잎 하나가 내 발등에 떨어집니다
목소리 잃은 새가 저만치 날아갑니다

聖 느티나무

속이 검게 타버린 고목이지만
창녕 덕산리 느티나무는 올봄도 잎을 내었다

잔가지 끝으로 하늘을 밀어올리며 그는
한 그루 榕樹처럼
제 아궁이에서 자꾸만 잎사귀를 꺼낸다
번개가 가슴을 쪼개고 지나간 흔적을 안고도
저렇게 눈부신 잎을 피워내다니,
시커먼 아궁이 하나 들여놓고
그는 오래오래 제 살을 달여 내놓는다
낮의 새와 밤의 새가 다녀가고
다람쥐 일가가 세들어 사는,
구름 몇 점 별 몇 개 뛰어들기도 하는,
바람도 가만히 숨을 모으는 그 검은 아궁이에는
모든 빛이 모여 불타고 모든 빛이 나온다
까마귀 깃들었다 날아간 자리에
검은 울음 몇 가지가 뻗어 있기도 한다

발이 묶인 채 날아오르는 새처럼
덕산리 느티나무는 푸른 날개를 마악 펴들고 있다

검은 점이 있는 누에

蠶室에서 가장 두려운 적은 파리다
문을 단단히 닫으라던 어른들의 잔소리도
행여 파리가 들어갈까 싶어서였다

누에들이 뽕잎을 파도처럼
쏴아쏴아 베어 먹고 잠이 든 사이
파리가 등에 앉았다 날아가면
그 자리에 검은 점이 찍히고,
점이 점점 퍼져 몸이 썩기 시작한 누에는
잠실 밖으로 던져지고 마는 것이다

네 번의 잠을 채우지 못하고
쫓겨난 누에들은 다 어디로 갔을까

허물어지는 몸을 이끌고 마른 흙에 뒹굴고 있던,
끝내 섶에 올라 羽化도 못하고
한 올의 명주실도 풀어낼 수 없게 된 그들이
어린 내 눈에는 왜
잠실의 누에들보다 더 오래 머물렀을까

어느 날 내 등에도
검은 점이 있다는 것을, 그 點指가
삶을 여기까지 끌고 오게 했다는 것을 깨달았을 때
나는 낯선 골목에서 저녁을 맞고 있었다

땅 속의 꽃

땅 속에서만 꽃을 피우는 난초가 있다
땅 위로 모습을 드러내는 일이 없기 때문에
본 사람이 드물다 한다
가을비에 흙이 갈라진 틈으로 향기를 맡고 찾아온
흰개미들만이 그 꽃에 들 수 있다
빛에 드러나는 순간 말라버리는 난초와
빛을 피해 흙을 파고드는 흰개미,
어두운 결사에도 불구하고 두 몸은 희디희다

현상되지 않은 필름처럼 끝내 지상으로 떠오르지 않는
온몸이 뿌리로만 이루어진
꽃조차 숨은 뿌리인

해설

직조술로서의 시학

김진수

> 누에고치가 꿈꾸던 바다도 이러했을까
> 가까운 뽕잎부터 한 물결씩 베어먹고
> 하루하루 자라 마침내
> 메마른 나무상자에 다다른 누에처럼,
> 바다를 삼켜 섬이 된 것처럼,
> 싯구 한 줄기 베어 먹었다
> ―「詩」 전문, 『뿌리에게』

  나희덕에게 있어서 시 쓰기는 가령, 누에나 거미가 실을 자아 고치를 짓거나 거미줄을 짜는 일과 꼭 마찬가지로 일종의 직조술로 인식된다. 하기야 모든 텍스트Text가 이미 그 자체로 하나의 직물Texture이긴 하지만, 이 시인에게 있어서 시 쓰기는 이러한 표면적 사실을 넘어서 시의 존재론적 숙명이라는 보다 더 근원적인 맥락Context 속에 위치해 있는 듯하다. 우화(羽化)를 꿈꾸는 누에에게 있어서의 실 잣기와 거미의 직물 짜기가 이 벌레들의 근원적인 생존의 조건이자 운명에 속하는 것처럼 말이다. 아시다시피 누에는 아직 환골탈태하지 못한 나비의 애벌레이다. 나비의 신화적 이미지는 미의 여신 아프로디테Aphrodite의 아름다움에 버금가는, 신화 기술자의 표현을 빌리자면, '인간의 딸 가운데서는 가장 아름다운 여성'인 프시케Psyche라는 인물을 통해서 생명의 숨결이자 영혼의 자유로운 비상을 상징하는 것으로 각인되어 있다. 또한 거미의 신화적 상징은 공예의 신 아테나Athena와 그 기예를 견줄 만큼 뛰어난 직조술의 장인이었던 아라크네Arachne라는 여성을 통해서 주조된 바 있다. 물론 이 두 신화적 여성의 실 잣기와 직물 짜기의 상징에는 근원적인 차원에서 현격한 차이가 존재한다. 프시케의 실 잣기에 있어서는 영혼의 자유라는 정신적 측면의 아름다움이 강조되는 반면, 아라크네의 직물 짜기는 아름다운 제작술 그 자체에 초점이 맞추어져 있는 듯하기 때문이다. 영혼의 자유와 아름다운 제작술이라는, 인간의 예술적 활동의 본질을 둘러싼 이 양 측면은 시Poesie에 관해 전승된 오랜 관념들의 양 입장을 대변하는 것들이기도 하다. 이렇듯 직조술로서의 시학은 예술의 '영혼'과 '형식' 양 측면을 동시에 아우르는 관점으로 이해되어야 한다. 나희덕의 시 쓰기는 바로 이러한 의미에서 직조술의 시학 속에 자리한다.

  그러니, 우선 누에 이미지로부터 나희덕의 시 세계로 들어가는 실마리를 삼는 것이 마냥 부자연스러운 일은 아닐 터이다(거미 이미지와 시 쓰기의 관련은 드물게 나타난다. 내가 보기에 그것은 시인의 네번째 시집에 이르러서야 잠깐 등장하는 듯싶다). 제사(題詞)의 자리에 있는 시의 제목이

「詩」라는 사실에 주목하면, 이 시인의 시 쓰기가 누에의 실 잣기나 고치 짓기와 동일한 작업임을 어렵지 않게 이해할 수 있다. 여기에서 우리가 확인할 수 있는 것은 이 누에가 '바다'를 꿈꾼다는 사실이며 또한 저 바다를 삼켜 '섬'이 되었다는 사실이다. 그렇다면 바다를 꿈꾸며 "한 물결씩 베어먹"는 이 누에의 허기와 갈증이야말로 바로 시 쓰기인 셈이다. 물론 시의 이념은 저 바다로 상징되는 어떤 것이 거나 상태일 테지만, 시의 현실은 아직 "메마른 나무상자에 다다른 누에"나 "바다를 삼"킨 섬의 상태에 불과한 것이다. 그렇기에 시인의 시 쓰기는 저 이념과 현실 사이에서의 꿈꾸기 작업에 해당하는 것이기도 하다. 모든 꿈이 또한 언제나 누추하고도 고단한 현실을 전제한다는 점을 염두에 두어야겠지만 말이다. 그렇다, 나희덕에게 있어서 시 쓰기는 저 꿈의 바다를 향한 누에의 고통스런 실 잣기와 고치 짜기라는 힘든 노동의 과정 자체이기도 하다. 시 쓰기가 고통스런 노동의 과정임을 말해주는 단서 역시 첫 시집 『뿌리에게』(1991)에 실린 「필경사」라는 제목의 시에서 이미 암시적으로 드러나고 있다. 그러나 이 '필경'의 과정이 또한 누에의 실 잣기 작업, 그러니까 시 쓰기와 동일한 과정임을 알기 위해서는 시인의 세번째 시집 『그곳이 멀지 않다』(1997, 재출간 2004)로 건너뛸 필요가 있다. 제목이 「누에의 방」인 시 속에 등장하는, "고치 속에서 뽑아낸 실로/세상을 향해 긴 글을 쓰고 계"신 이 필경사 아버지의 이미지야말로 시 쓰기가 바로 누에의 실 잣기 작업과 동일한 것임을 말해주고 있다.

글을 쓰고 싶어하셨지만
글자만을 한 자 한 자 철필로 새겨넣던 아버지,
그러나 고치 속에서 뽑아낸 실로
세상을 향해 긴 글을 쓰고 계셨다는 걸 깨달은 것은
그후로도 오랜 뒤였다

오늘 밤,
내 마음의 형광등 모두 꺼지고 식구들도 잠들고
백열등 하나 오롯하게 빛나는 밤
아버지가 뽑아내던 실끝이 어느새 내 입에 물려 있어
내 속의 아버지가 나 대신 글을 쓰는 밤
나는 아버지라는 생을 옮겨 쓰는 필경사가 되어
뜨거운 고치 속에 돌아와 앉는다
─「누에의 방」 부분, 『그곳이 멀지 않다』

이러한 사실은 이어지는 네번째 시집 『어두워진다는 것』(2001)에 이르러 다음과 같은 거미 이미지를 통해서 한층 구체화된다. 이 아라크네의 베 짜기 역시 프시케의 명주실 잣기와 꼭 마찬가지로 시인에게 있어서는 시 쓰기의 알레고리로 자리한다. 「거미에 쐬다」라는 제목의 시이다.

낮은 허공에 걸려 있던 거미줄이
얼굴을 확 덮치던 그날부터
내 울음은 허공에 닿아 거미줄이 되었다
버둥거리며 거미줄을 떼어냈지만
내 얼굴에선 한없이 거미줄이 뽑혀나왔다

울음으로 질겨진 거미줄 위에서
때로는 흰 꽃잎을
때로는 부서진 나비 날개나 모기 다리를
건져 올리며 까맣게 늙어가는 동안
울음도 함께 늙어 말수가 줄어드는 것일까
나는 내 울음이 누구에게도 들리지 않게 되었다는 걸 안다
—「거미에 씌다」 부분, 『어두워진다는 것』

"내 얼굴에선 한없이 거미줄이 뽑혀나왔다"라는 구절에 주목해보자. 이는 물론 저 거미줄이 내 몸 바깥으로부터 부가된 것이라는 사실을 전제하고 있긴 하지만, 또한 시인으로서 '울음 우는' 내 자신이 이미 저 거미줄을 자아내는 거미와 같은 존재라는 해석 역시 가능하게 해준다. 왜냐하면 그 앞에 놓여 있는 "내 울음은 허공에 닿아 거미줄이 되었다"는 구절이나 "울음으로 질겨진 거미줄," 혹은 "까맣게 늙어가는 동안" 같은 구절들을 통해서 시인 자신이 사실상 거미와 같은 존재임을 말해주고 있기 때문이다. 위의 인용에서는 빠졌지만, 이 시의 마지막 행 "조금은 거미인 나를 향해 이렇게 말하곤 하는 것이다"라는 구절에 이르면 이러한 사실은 한층 확고해진다. 시인 자신이 이미 '조금은 거미'인 것이다! 그렇기에 "울음으로 질겨진 거미줄"이란 시인이 토해내는 시의 노래 이외에 다른 것일 수는 없을 터이다. 나희덕의 시 세계에서 누에의 실 잣기와 거미의 베 짜기가 이렇게 시 쓰기 자체의 알레고리로 기능하고 있음은 의심의 여지가 없어 보인다. 프시케의 명주실 잣기와 아라크네의 베 짜기는 누추하고도 초라한 현실(누에)에

직조술로서의 시학 103

서의 지난한 노동의 과정이지만, 이 작업은 또한 꿈(나비)을 현실화하는 작업이기도 한 것이다. 시집 『어두워진다는 것』에 실려 있는 「오래된 수틀」은 이 같은 직조술로서의 시학을 아주 분명하게 드러내고 있다.

> 녹슨 바늘을 집어라 실을 꿰어라
> 서른세 개의 압정에 박혀 나는 아직 팽팽하다
>
> 나를 처음으로 뚫고 지나갔던 바늘 끝,
> 이 씨앗과 꽃잎과 물결과 구름은
> 그 통증을 지금도 기억하고 있다 기다리고 있다
>
> 헝겊의 이편과 저편, 건너가면
> 다시 돌아올 수 없는 언어들로 나를 완성해다오
> 오래 전 나를 수놓다가 사라진 이여
> ─「오래된 수틀」 부분, 『어두워진다는 것』

아시다시피 『사라진 손바닥』은 나희덕의 다섯번째 시집이다. 이전 시집들을 함께 아울러서 말하자면, 내가 보기에 나희덕 시 세계의 진정한 장점은 구체적인 감각적 이미지의 현실성에 기초한 간명하고도 절제된 언어적 형식에 있는 듯싶다. 이 시인에게 있어서 세계의 모든 존재는 무엇보다도 소리/말로 구성되어 있고(네번째 시집이 특히 그렇다), 이 소리/말은 또한 손으로 만질 수 있는 어떤 촉각적인 것으로 보인다. 달리 말하자면 나희덕의 시에서 세계는 말하는 존재들(소리)의 집합이고, 소리/말은 또한 손/

촉각을 가지고 있다는 뜻이다. 시인에게 있어서 시의 언어는 촉각을 통해 만져지는 어떤 세계의 속살 같은 것이라고 말해야 하리라. 그런 의미에서 나희덕 시의 언어는 어쩌면 '손 달린 말'이라고나 해야 할지도 모르겠다. 가령, "한 번도 만져보지 못한 말"(「한 삽의 흙」)이라거나 "말을 건네는 손," "갑자기 등 뒤에서 어떤 손이 내 어깨를 감싸쥐었다/나는 그 말을 알아들었다"(「초승달」) 같은 구절들을 보라. 모든 존재와 언어를 촉각적인 것으로 파악하는 이러한 감각은 우리 시 세계에서는 드문, 아주 독특한 풍경을 구성해낸다. 말의 관념성을 감각적 이미지의 현실성으로 극복하고 있는 이러한 측면이 나희덕 시의 분명한 장점을 보여주는 한 부분일 터이다. 하기야 시 쓰기를 직조술로 인식하는 시인에게 있어서 시의 언어가 손으로 만질 수 있는 어떤 촉각적인 것이라는 사실은 어쩌면 당연한 것일지도 모른다. 이번 시집의 표제작 「사라진 손바닥」을 보기로 하자. 아마도 전남 무안의 회산 백련지를 소재로 하여 쓰였을 이 시에서 우선 두번째 연의 2행과 3행의 구절 "말 건네려 해도"와 "손 잡으려 해도"에 주목하기로 하자. 여기에서 '말'과 '손'은 동일한 이미지의 변주, 다시 말해 반복으로 읽힌다. 말과 손을 동일한 것으로 간주하는 이 같은 발상법은 이번 시집의 도처에서 빈번하게 발견된다.

처음엔 흰 연꽃 열어 보이더니
다음엔 빈 손바닥만 푸르게 흔들더니
그 다음엔 더운 연밥 한 그릇 들고 서 있더니
이제는 마른 손목마저 꺾인 채

거꾸로 처박히고 말았네
수많은 槍을 가슴에 꽂고 연못은
거대한 폐선처럼 가라앉고 있네

바닥에 처박혀 그는 무엇을 하나
말 건네려 해도
손 잡으려 해도 보이지 않네
발밑에 떨어진 밥알들 주워서
진흙 속에 심고 있는지 고개 들지 않네

백 년쯤 지나 다시 오면
그가 지은 연밥 한 그릇 얻어먹을 수 있으려나
그보다 일찍 오면 빈 손이라도 잡으려나
그보다 일찍 오면 흰 꽃도 볼 수 있으려나

회산에 회산에 다시 온다면 ──「사라진 손바닥」전문

  이러한 감각적 이미지의 언어적 현실성을 토대로 나희덕 시의 간명하고도 절제된 형식-구조적 측면이 오롯이 두드러진다. 나희덕의 시 세계는 주로 '내 안의 어둠'(고치 속에 들어 있는 누에를 상기해보자)과 '내 밖의 밝음'(바다 위를 자유롭게 나는 나비를 떠올려보자)이라고 할 수 있을 대립된 이미지들의 단순 대위법에 의해 이루어져 있다. 가령, "그동안 내가 받아들이지 못한 사랑의 잔뼈들이/멀리서 햇살이 되어 박히는 가을"(「빛은 얼마나 멀리서」) 같은 구절이나 "저 순연한 벼포기들./그런데 내 안은 왜 이리 어두운가."(「연두에 울다」) 같은 구절을 보라. 나희덕의 시들이 비교적 잘 읽히는 장점을 갖는 이유도 바로 이러한 간략한 대위법적 구성 때문이라고 나는 생각하는 편이다. 시인의 시 세계에서 저 '내 안의 어둠'은 대개 '그림자, 그늘, 아궁이' 등의 이미지 계열체에 의해 조형되고 있다. 그 어둠은 대개 상처와 울음과 고통으로 뒤섞여 있으나 이 곡진한 풍경들이 직설적이거나 직접적으로 드러나는 경우는 거의 없어 보인다. 다시 말해 저 깊은 어둠 속은 아직 베일에 가려져 있는 셈이다. 이러한 사정은 어쩌면 감정의 과잉을 지극히 경계하는 시인의 타고난 절제심과 관련이 있을지도 모르겠다. 반면, '내 안의 어둠'과 대비되는 '내 밖의 밝음'은 대개 꽃이나 햇빛의 이미지로 주조되어 있다. 이번 시집에 그늘 이미지와 더불어 얼마나 많은 꽃 이미지가 배치되어 있는가를 확인해보시라. 시인에게 있어서 '빛'과 '꽃'은 절대적으로 밝은 것의 상징이다. 그러므로 나희덕의 시 세계는 이 대립된 두 세계의 긴장 속에 자리하고 있는 셈이다. 그러나 이 대위법적 긴장은 대개의 경우 시인의 따스한 시선에 의해 대립하기는커녕 서로 길항의 관계 속에서 적절히 조응하고 있다. 대립하는 것들을 싸안고자 하는 노력의 결정이 바로 나희덕 시 세계의 정신적 풍경의 깊이를 만든다. 다음과 같은 「땅 속의 꽃」의 이미지는 사실상 나희덕 시 세계의 너른 품과 깊이를 보여주는 전형적인 예에 속한다고 하겠다.

땅 속에서만 꽃을 피우는 난초가 있다
땅 위로 모습을 드러내는 일이 없기 때문에

본 사람이 드물다 한다
　　[……]

　　현상되지 않은 필름처럼 끝내 지상으로 떠오르지 않는
　　온몸이 뿌리로만 이루어진
　　꽃조차 숨은 뿌리인　　　　　　　　―「땅 속의 꽃」 부분

　시집의 맨 마지막 자리에 배치되어 있는 시이다. 시인이 이번 시집을 구성하는 데 있어서 얼마나 꼼꼼한 배려를 했는지 느끼게 해주는 대목이다. 시집의 첫 자리에 배치되어 있는 시가 연꽃 진 못의 풍경을 노래했던 표제시 「사라진 손바닥」임을 기억해보라. 시인은 그 첫 시에서 손바닥('연꽃' 혹은 '연잎'의 은유이리라!)이 사라졌다고 노래했다. 그러나 시집의 마지막에 배치된 이 시를 보면, 저 손바닥은 사라진 것이 아니라 오히려 '땅 속의 꽃'으로 새로 피어났다는 것을 어렵지 않게 짐작할 수 있게 된다. "온몸이 뿌리로만 이루어진/꽃조차 숨은 뿌리"인 그런 꽃으로 말이다. 이렇게 그늘(혹은 뿌리)과 빛(혹은 꽃)은 이제 한 몸을 이루게 된다. 그런 의미에서 이 '땅 속의 꽃' 이미지는 '모순형용'(「행복재활원 지나 배고픈다리 지나」)의 삶 그 자체의 상징이자 또한 저 빛과 어둠을 모두 감싸 안으려는 시인의 따스한 시선 그 자체가 된다. 이 같은 어둠과 빛의 조합으로 이루어진 이미지 역시 이번 시집의 도처에서 발견된다. 가령 「聖 느티나무」 같은 시에서는 "번개가 가슴을 쪼개고 지나간 흔적을 안고도/저렇게 눈부신 잎을 피워내다니"라고 노래한다. 그렇기에 나희덕의 시 세계에서는 어둠과 빛

이 병렬적으로 존재한다기보다는 차라리 어둠이 빛을 만들어낸다고 말하는 편이 옳을지도 모른다. 과연, 시인은 "버려지지 않고는 피어날 수 없는 꽃"(「담배꽃을 본 것은」)이라고 노래한다. 버려져야만, 다시 말해 상처와 고통과 울음이 뒤섞인 저 어둠과 그늘과 그림자 속에서만 빛과 꽃은 제 의미를 갖는다는 뜻이리라. 이 같은 시적 태도가 시인으로 하여금 "나는 햇빛 속으로도 그늘 속으로도 들어갈 수 없었다"(「그 섬의 햇빛 속에는」)고 노래하도록 했을 것이다. 왜냐하면 시인에게 있어서 저 '햇빛'과 '그늘'은 분리되어 있는 두 존재가 아니라 하나의 몸통을 이루고 있는 것이기 때문이다. 빛이면서 어둠인 '그늘' 같은 어떤 것이 나희덕에게는 이 모순형용의 삶 그 자체이다.

 무엇보다도 나희덕의 시 세계는 서정시의 순연한 영역에 깊이 뿌리박고 있는 것으로 널리 알려져 있다. 서정시는 무엇보다도 뮤즈Muse 여신이 관장하는 득의의 영역이지만, 우리는 이 여신의 어머니가 또한 기억의 여신 므네모시네Mnemosyne임을 알고 있다. 기억은 이미 사라져간 것들을 그 망각의 무덤에서 불러내어 새로운 생명을 부여하는 역할을 한다. 기억한다는 것은 사물화 되거나 이미 죽은 것에 새로운 생명을 부여하고자 했던 저 신화 속의 예술가들인 오르페우스Orpheus나 피그말리온Pygmalion의 작업으로부터 그 예술적 의의를 확보하고 있다. 시인은 「여, 라는 말」에서 기억을 모태로 삼고 있는 이러한 서정시의 한 특징적인 면모를 다음과 같은 절창으로 노래하고 있다.

  잊혀진 것들은 모두 여가 되었다

망각의 물결 속으로 잠겼다
스르르 다시 드러나는 바위, 사람들은
그것을 섬이라고도 할 수 없어 여, 라 불렀다
울여, 새여, 대천어멈여, 시린여, 검은여……
이 이름들에는 여를 오래 휘돌며 지나간
파도의 울음 같은 게 스며 있다
물에 영영 잠겨버렸을지도 모를 기억을
햇빛에 널어 말리는 동안
사람들은 그 얼굴에 이름을 붙여주려 하지만
어느새 사라져버리는 바위,
썰물 때가 되어도 돌아오지 않는
그 바위를 향해서도 여, 라 불렀을 것이다
그러니 여가 드러난 것은
썰물 때가 되어서만은 아니다
며칠 전부터 물에 잠긴 여 주변을 낮게 맴돌며
날개를 퍼덕이던 새들 때문이다
그 젖은 날개에서 여, 라는 소리가 들렸다
―「여, 라는 말」 전문

  나희덕의 시들은 이처럼 망각되어 잊혀져간 것들을 기억 속으로 소환함으로써 그것들에게 재생의 삶을 부여하고자 한다. 그러니 그 시의 언어 속에 사라져간 것들에 대한 애달픔과 연민의 감정들이 절실하게 스며들어 있음은 자명하다. 나희덕의 시 세계에서는 자식의 주검을 앞에 둔 어미의 심정 같은 이 크나큰 슬픔과 사랑의 감정이 이미 사라져버린 것들을 망각의 무덤 속에서 불러내어 새로운 생명을 부여하는 동력으로 작용한다. 그러므로 '섬'조차 될 수 없어 '여'로 머물게 된 그 모든 왜소하고 비천한 사물과 존재들을 빛 속으로 호명해 들이는, 저 "날개를 퍼덕이던 새들"이야말로 나희덕 시의 '손 달린 말'인 셈이다. "그러니 여가 드러난 것은/썰물 때가 되어서만은 아니다". 그것은 "며칠 전부터 물에 잠긴 여 주변을 낮게 맴돌며/날개를 퍼덕이던 새들 때문"이었던 것이다. 그리고 이 새들의 '날개'가 바로 저 바다를 꿈꾸며 섬을 만들었던 누에고치의 우화 상태일 것이고, 이렇게 날개를 단 새/나비의 이미지는 또한 이 시인의 직조술로서의 시학이 꿈꾸는 시 쓰기의 한 완성의 형태일 터이다.

 이미 우리는 서두에서 나희덕의 시 세계에서 누에 이미지가 갖는 역할과 중요성에 대해 살펴본 바 있다. 환골탈태의 혁명적인 힘을 내장하고 있는 이 벌레 이미지의 장래는 물론 프시케라는 신화적 인물의 운명을 따르게 될 것임은 자명하다. 그런데 이 우화한 나비의 날개는 프시케의 영혼처럼 마냥 자유롭거나 찬란한 것만은 아닌, 오히려 더 한층 깊은 슬픔과 격렬함을 간직한 채 그것을 힘겹게 껴안고 넘어가는 자의 고통을 닮아 있는 것처럼 보인다. 이 나비의 "고요한 날갯짓"에 들어 있는 저 "보이지 않는 격렬함"을 보라.

  흰 나비가 소매도 걷지 않고
  봄비를 건너간다
  비를 맞으며 맞지 않으며

  그 고요한 날갯짓에는
  보이지 않는 격렬함이 깃들어 있어
  날개를 둘러싼 고운 가루가
  천 배나 무거운 빗방울을 튕겨내고 있다
  모든 날개는 몸을 태우고 남은 재이니

  마음에 무거운 돌덩이를 굴려 올리면서도
  걸음이 가볍고 가벼운 저 사람
  슬픔을 물리치는 힘 고요해
  봄비 건너는 나비처럼 고요해

  비를 건너가면서 마른 발자국을 남기는
  그는 남몰래 가졌을까
  옷 한 벌, 흰 재로 지어진   ―「재로 지어진 옷」 전문

"모든 날개는 몸을 태우고 남은 재"라는 이 처연한 인식이 아마도 나희덕의 시 세계가 이번 시집을 통해서 다다른 새로운 입구의 표지판이 될 것으로 보인다. 그러므로 "흰 재로 지어진" 날개를 단 이 나비의 상징은 이번 시집을 관통하는 하나의 핵심적 이미지를 구성한다. 저 날개는, "비를 맞으며 맞지 않으며"라는 모순어법의 구절이 암시하는 바와 같이, 한편으로는 누에의 눈물겨운 노동으로서의 직조술의 산물인 동시에(그렇기에 물질적이다), 다른 한편으로는 아름다움을 향한 영혼의 비상(따라서 영적이다)이라는 양 측면을 동시에 상징하는 것으로 읽힌다. 사실상 이같은 영혼과 육체, 빛과 어둠, 삶과 죽음의 동시성을 갖는

모순형용의 시적 긴장 속에 나희덕 시의 언어적 특성이 똬리를 틀고 있는 것이다. "죽음의 소식을 듣고 가장 먼저 느낀 것이 시장기"(「국밥 한 그릇」)라는 이 처절한 모순 속에 존재들의 삶은 자리하고 있다. 그러나 나희덕 시의 진정한 면모는 그 자체로 빛이자 어둠인 이 모순형용의 삶을 통째로 부둥켜안고 등을 다독이는 어미의 시선과 손길 같은 그 시적 태도 속에 자리한다고 보아야 하리라. 이러한 시적 태도는 '이것이냐 저것이냐' 혹은 '전부 아니면 전무'라는 단순한 이분법적 도식 속에 삶의 복합성을 구겨 넣음으로써 그 어느 한쪽의 억압과 희생을 전제로 다른 한쪽의 손을 들어주는 태도와는 정면으로 배치된다. 나희덕 시의 모성적 따뜻함은 바로 이러한 복합적인 삶의 실상을 있는 그대로 받아들이고 껴안으려는 눈물겨운 노력에서 기원하는 것이다. 그리고 이 눈물겨운 노력의 과정이 바로 프시케와 아라크네의 직조술로서의 시학을 구성한다. 아래의 시는 나희덕의 시학이 내장하고 있는 저 모순형용의 삶 자체를 읽어내는 웅숭깊은 시선을 보여주는 한 예가 될 것이다. 그 시선은 "비의 그림자" 속에서도 "고슬고슬한 땅 한 조각"과 "마른 하늘 한 조각"을 동시에 읽어내는 따뜻함을 지니고 있다.

소나기 한 차례 지나고

과일 파는 할머니가 비 맞으며 앉아 있던 자리

사과궤짝으로 만든 의자 모양의

고슬고슬한 땅 한 조각

젖은 과일을 닦느라 수그린 할머니의 둥근 몸 아래

남몰래 숨어든 비의 그림자

자두 몇 알 사면서 훔쳐본 마른 하늘 한 조각
─「비에도 그림자가」 전문

  시인은 이번 시집에 실린 또 다른 시에서 "끝내 섶에 올라 羽化도 못하고/한 올의 명주실도 풀어낼 수 없게 된 그들이/어린 내 눈에는 왜/잠실의 누에들보다 더 오래 머물렀을까"(「검은 점이 있는 누에」)라고 노래한다. 나는 이 의문 속에 시인의 분명한 시적 지향이 존재한다고 생각한다. 섶에 올라 우화를 기다리고 있는 누에보다는 "네 번의 잠을 채우지 못하고/쫓겨난 누에"에 눈길이 더 오래 머무는 그러한 시적 태도 말이다. 그리고 이러한 태도가 "뿌리 뽑히지 않으려고, 끝내 초월하지 않으려고/제 몸을 부싯돌처럼 켜대고 있는/나무 한 그루가 창 밖에 있다/내 안의 나무 한 그루 검게 일어선다"(「누가 우는가」) 같은 완강하고도 장엄한 구절을 낳는 것이리라. 사실상 시인은 이미 『어두워진다는 것』에서 "날개란 신기 위해 있는 것이니/내가 너를 신겠다, 나비야"(「나비를 신고 오다니」)라고 노래한 적이 있었다. 누추하고 고단한 삶 바깥으로의 외재적 초월이 아니라 이러한 삶 속으로의 내재적 초월을 지시하는 말로서 나는 '사랑'이라는 이름 외에는 달리 아는 게 없다. 그러니 시인의 노래는 사랑의 노래 외에는 다른 것일 수가 없겠다. 하기야 프시케의 날개를 돋게 해 천상으로 인도한 힘이 바로 에로스 아니었던가?